RELIGION

Auteur

Patrick Haumont Parisi

DEDICACE

À mes élèves.

SOMMAIRE

REMERCIEMENTS

Au Rabin M. C. (France).
Au Prêtre J. A. (France).
*À Annushka Vikhanski - Professeur de philosophie à Université d'État Lomonossov de Moscou, *Московский Государственный Университет имени М. В. Ломоносова (Russie).*
À Katrin Rosenberg - Professeur en Langue et littérature latines à Université Aberdeen (Ècosse).
À Pierre Stanislas Hartmann - Professeur de Philosophie et Science Politique à Freie Universität Berlin (Allemagne).
À Damien Toras - Professeur d'histoire, spécialiste en histoire des religions Judéo-Chrétiennes à Université de Montréal (Canada).

LA RELIGION

CHAPITRE I

Présentation

L'homme à une double aperception du réel. Doué d'organes sensoriels, il rencontre ce réel comme un grand nombre de perceptions spécifiques et fragmentées. Et d'autre part, en tant que '*Je*' connaissant, l'homme a une expérience '*hic et nunc*' fondamentale de l'unicité du réel ; ce réel qu'il ne doit pas évincer au profit des leurres.

La religion est un garde-fou, quoi que l'on en dise. Sans la religion, la situation serait totalement incontrôlable. Le problème n'est pas la religion, mais bien certains hommes et femmes amoureux du chaos permanent, et là, ni D.ieu ni le Diable ne sont responsables.

Ce livre est une réflexion sur la religion,

et c'est en toute humilité, sans aucune prétention que j'ai écrit ce qui va suivre, car tant de choses ont été dîtes sur la religion qu'il se pourrait que tout eu été déjà dit, mais peut-être que mon écrit causera tout de même des questions et des étonnements, et peut-être même un peu plus de compréhension sur le sujet traité, et si au contraire cet écrit amène de la confusion dans les esprits, ceci me conviendra aussi, car de la confusion découle, certes, souvent de l'indifférence, mais parfois aussi de nouveaux points de vue, qui peuvent éclaircir la compréhension de choses jusque-là obscure. Dans cet ouvrage, vous trouverez sûrement de nombreuses contradictions, mais c'est un livre posé sur une réflexion qui n'a pas pour but de trouver des réponses établies une fois pour toutes, bien prétentieux serait celui qui voudrait établir des réponses figées et finale sur ce sujet qu'est la religion, c'est avant tout un livre de recherche des questions que l'on peut se poser sur l'utilité, les bienfaits et/ou les dangers de la religion et donc diverses réponses sont données. Ce livre est, vous le comprendrez, un support à la discussion sur ce fascinant et complexe sujet qu'est la religion.

L'homme sans direction n'est qu'une

plume qui va où le vent la pousse, parfois dans de bons endroits, parfois dans des endroits funestes.

L'homme doit cesser de croire qu'il est bon d'être entièrement libre, car, l'homme trop libre pense mal. La liberté doit avoir des limites, et ces dernières doivent être mises en place par chaque homme pour lui-même, mais, il faut d'abord leurs rappeler ce qui est bon et ce qui est mal, ce qui apporte le bon fruit et ce qui n'apporte que les fruits du Chaos, la religion aide à cela.

ooo

C'est par l'entremise des religions romaines, notamment à l'aide de l'œuvre extraordinaire qui se nomme '*De Rerum Natura*', du philosophe poète de l'antiquité romaine Lucrèce, et des religions Judéo-Chrétiennes, ainsi que d'autres auteurs non moins célèbres, que je donnerais ma réflexion sur la religion, et plus exactement sur l'utilité et les fonctions de la religion. Pour m'aider dans cette réflexion j'essaierais de répondre à de nombreuses questions que je me suis posé, notamment celles-ci : Qui était Lucrèce ? Qu'est-ce que la religion ? La religion est-elle une aide pour l'homme ? La philosophie et la religion ne se contrarient-elles pas ? Religion et philosophie, discipline ennemies ou complémentaires ? La religion est-elle un problème pour la démocratie ? La religion est-elle éternelle ? Etc.

CHAPITRE II

Lucrèce

-Qui était Lucrèce ?
-Lucrèce et la religion.
-La peur comme une raison de l'existence de la religion.
-Lucrèce et Épicure.
-La religion et ses rituels.

Démocrite, née en 460 av. J.C et mort en 370 av. J.C, est un philosophe présocratique, il est le père de l'atomisme, cette théorie essentielle sur la nature et la matière qui, un peu plus d'une vingtaine de siècles plus tard, sera confirmée par les avancées de la physique ; Démocrite et à l'origine de la philosophie matérialiste. Même si on peut citer avant Démocrite, un philosophe présocratique grec et Phénicien, Leucippe - 460 à -370, il aurait été le maître de Démocrite. Leucippe est considéré comme l'inventeur de l'atomisme, mais son existence et sujette à caution, même Épicure, d'après

Diogène Laërce, avait des doutes sur l'existence de Leucippe.

<< *[...] mais Épicure parle tout différemment dans ses Épîtres à Eurydicus ; car il assure qu'il n'eut d'autre maître dans la philosophie que sa propre spéculation, et que ni lui ni Hermachus ne disent point qu'il y ait jamais eu de philosophe appelé Leucippe ; qu'Apollodore néanmoins, sectateur d'Épicure, affirme avoir enseigné Démocrite.* >>.

('*Vies et doctrines des philosophes de l'antiquité*', Diogène de Laërce, Livre X, Épicure, 13, T1)

On place Lucrèce dans le premier siècle avant Jésus Christ, Lucrèce, de son vrai nom latin : Titus Lucretius Carus, né vers 98/95 av JC à Pompéi et mort en 55 av JC à Rome, dates dont l'exactitude n'est pas certaine, même si la date de sa mort est tout de même plus sûre. On ne connait pas exactement la situation sociale de Lucrèce, mais il était probablement de famille aristocratique. Lucrèce vit dans une époque troublée avec la naissance du christianisme qui vient rivaliser avec la religion romaine, avec des guerres sociales de -90 à -88, la révolte violente des alliés italiens contre Rome, les luttes de Marius et de Sylla de -83 à -79 avec les sinistres proscriptions et la terreur qu'elles entraînèrent, la révolte de Spartacus et de ses esclaves, réprimée dans le sang en -73, dont 6000 furent crucifiés sur la route de Capoue à Rome, la conjuration de Catilina en -63, le premier triumvirat entre César, Pompée et Crassus en -60, ces derniers se partageant le pouvoir, les batailles rangées entre bandes rivales, qui aboutissent au meurtre de Clodius et à l'exil de Milon de -58 à -56. Finalement, La guerre civile éclatera en -49, après la mort de Lucrèce. Il y a dès lors, un effondrement de l'ancien gouvernement aristocratique et progressivement un développement de l'hellénisme.

Lucrèce a grandi et vécu à une époque d'instabilité gouvernementale, d'effondrement du système politique républicain, de corruptions et de massacres. Il a vu en quelque sorte s'écrouler tout un monde autour de lui.

Lucrèce est considéré comme un poète impie parmi ses contemporains, aussi par les religieux, notamment chrétiens, de différentes époques ; trois cent ans après la mort de Lucrèce, un ecclésiastique nommé Saint-Jérôme, à la fin du IVe / début du Ve siècle, écrira un texte, un ajout tardif dans la chronique d'Eusèbe, que saint Jérôme, a retranscrit sur la foi de Suétone. Après avoir fixé la dâte de naissance de Lucrèce, l'année 95 d'avant Jésus-Christ, Saint-Jérôme écrit :

<< *Rendu fou par un philtre d'amour, il écrivit, dans l'intervalle de sa démence, quelques livres qui furent par la suite corrigés par Cicéron ; il se donna la mort à l'âge de quarante-quatre ans.* >>.

(*Lucrèce, De la nature des choses*, Introduction, p9.)

Ces propos sont assez douteux, non pas pour l'acte du suicide qui n'était pas totalement rejeté par la doctrine épicurienne, contrairement aux chrétiens pour qui le suicide et un acte contre le créateur, mais il se peut que si le terme suicide fut évoqué par Saint-Jérôme ce n'est peut-être que pour ajouter à l'encontre de l'impie Lucrèce encore plus de discrédit aux yeux des chrétiens. Ce qui est le plus douteux aussi, c'est cette soi-disant folie parsemée de moments de lucidité qui permettait à Lucrèce d'écrire le *De Rerum Natura*', une œuvre d'une grande lucidité, où à aucun moment on y discerne trace de quelques folies que ce soit, il écrit sur les choses de la nature, telles qu'il les comprend et telles qu'elles sont, il lève le voile, voit la vérité, l'a dit et l'écrit. Le terme folie est exagéré, Lucrèce possédait une sensibilité exacerbée, certes, mais comme tout poète digne de ce nom, mais non une folie, ajouté à cela, on le constate, une mélancolie amoureuse pour un homme, un certain Memmius, d'ailleurs peut-être que ce philtre dont parle Saint-Jérôme est une image, une métaphore, une représentation de l'amour impie de Lucrèce pour Memmius, peut-être que ceci est pour Saint-Jérôme ce qu'il considère comme folie ; cet amour malsain, il l'a spécifié d'une manière détournée, pour ainsi dire.

Memmius est cité dans le passage d'un texte tiré dans '*Les Lettres Latines*' qui narre la vie de Caius Valerius Catulles, plus communément nommé '*Catulles* ', né en 84 av. J. C à Vérone et mort en 54 av. J. C à Rome, je cite le passage et un peu plus, car il y a des propos intéressants et des dates qui nous permette de nous situer dans le temps :

<< *En 57 il va chercher fortune, sans succès d'ailleurs, en Bithynie dans la suite du propréteur Memmius (auquel Lucrèce a dédié son De Natura Rerum). Mais le grand événement de sa vie est sa liaison (de 62 à 58)*

avec celle qu'il a chanté sous le nom de Lesbie, qui était vraisemblablement la sœur de P. Clodius Pulcher, l'ennemi de Cicéron, cette Clodia dont le grand orateur a fait dans le Pro Caelio un portrait infamant. Catulle, dont la santé fut toujours chancelante, mourut phtisique en 54. >>.

('*Les Lettres Latines* ', chap IX, Catulle, p137, §3)

Dans son œuvre, son unique œuvre, Lucrèce cite de nombreuses fois le nom de '*Memmius*', un homme auquel le Philosophe semblait être très attaché, et à qui sûrement le '*De Rerum Natura* ' était dédié afin notamment de le convertir à l'épicurisme. Memmius est cité dès le livre I ; dans son poème, s'adressant à la déesse Vénus, Lucrèce écrit ceci :

<< *Enfin, par mers et monts et fleuves entraînants, dans les maisons feuillues des oiseaux, dans les champs verdissants, tu t'en viens planter au cœur de tous le caressant amour, et fais ainsi que tous, sous l'effet du désir, reproduisent sans cesse leurs générations, espèce par espèce.*
Et puisque à gouverner la nature des choses

tu es seule, Ô Vénus, puisque sans ton concours jamais rien ne paraît aux rivages divins du jour, puisque sans toi jamais rien ne se fait d'aimable ou de joyeux, c'est toi que je désire avoir pour alliée en écrivant les vers où j'essaie d'exposer la nature des choses à notre Memmius, que toi-même, déesse, tu as voulu paré, en tout et en tout temps, d'excellence.
Ô divine, à mes dits d'autant plus donne un charme éternel ; fais que pendant ce temps, s'apaisent, assoupis par toutes mers et terres, les sauvages devoirs de l'état militaire. >>.

('*Lucrèce, De la nature des choses*', Chant I, p 81, vers 17/30.)

Lucrèce vit à l'époque de Cicéron, ce dernier étant son éditeur. Dans ces temps troublés, il y a malgré tout un intérêt pour la connaissance, notamment pour la philosophie, surtout pour celle dite stoïcienne. Il existe même des cercles philosophiques et littéraires, notamment celui de Scipion Emilien, homme d'une éducation soignée réunissant autour de lui, des hommes de lettres grecs ou latins, parmi lesquels l'historien grec Polybe, le philosophe stoïcien Panétius, le poète satirique Lucilius ainsi que le dramaturge d'origine africaine Térence.

D'après Saint-Jérôme, Cicéron aurait corrigé l'œuvre de Lucrèce, ici encore on ne peut rien dire de précis. On trouve dans la correspondance de Cicéron, notamment dans celle avec son frère Quintus, l'année qui suit la mort de Lucrèce, une allusion à ce dernier, sous forme d'une sorte de jugement littéraire :

<< *Lucreti poemata ut scribis ita sunt : multis luminibus ingenii, multae tamen artis.* >>*.

(*'Ad Quintum fratem'*, livre II, Chap. 9, Page 3).

*<< *Lucrèce a de brillantes qualités naturelles, et aussi beaucoup de métier.* >>.

On s'interroge sur l'ignorance et les incertitudes que l'on a sur la vie de Lucrèce, mais dire que nous ne savons rien sur ce haut personnage serait exagéré. Nous avons son œuvre, cette œuvre dans laquelle on trouve des renseignements intéressants et qui peuvent être considérés comme crédibles ; mais ce sont moins des détails biographiques qu'un profil de sa personnalité avec notamment son admiration, presque mystique pour son maître Épicure. On constate dans cette œuvre la passion de Lucrèce pour la vérité ainsi que pour la science, on y découvre un homme au caractère entier, avec un sens de l'observation hors du commun, un homme d'expériences aux hautes réflexions. Peut-être bisexuel ou homosexuel, peu importe, mais avec un grand intérêt pour tous les êtres vivants ; un homme doté de compassion pour les misères de l'humanité, Lucrèce comprend les faiblesses humaines. On perçoit dans son œuvre une intelligence puissante, cohérente et logique, un homme de bon sens, et accolé à ceci, une sensibilité exacerbée, la sensibilité du poète.

Un des préceptes de son maître Épicure est : '*Vis caché !*', en grec '*Lathé Biosas*', il se peut que Lucrèce ait mis réellement en pratique ce précepte épicurien dans sa vie. Même les poètes de l'époque d'Auguste font silence. Horace, Tibulle, Properce n'en disent pas mot. Virgile qui imite largement l'œuvre de Lucrèce, ne cite même pas son nom ; peut-être dans un passage des '*Géorgiques*' (Livre II, 490/492), il pourrait y avoir une allusion à Lucrèce, mais ce pourrait tout autant être une allusion à Pythagore. Seul Ovide le loue dans ses '*Amores*' (Livre I, 15, 23), il écrit ceci :

<< *Les poèmes du sublime Lucrèce ne périront que le jour où le monde entier sera détruit.* >>.

On peut penser de tout cela que Lucrèce a été victime aussi, d'une mise à l'écart, d'une conspiration du silence pour ainsi dire, ses poèmes et ses vers, notamment sur la religion romaine, lui ont apporté beaucoup d'ennemis. Cette religion, qui, pour Lucrèce est posée sur des échanges indignes, en fait tendant vers un troc entre les hommes et les Dieux, établit par l'entremise de rituels, de sacrifices sanglants ; pour Lucrèce tout ceci est cruel, inutile est emplis de faussetés, constatant que c'est cela qui est impie.

Épicure, est pour ainsi dire le maître du bonheur, ses écrits sont pour la plupart disparues, il n'aimait pas la poésie, il s'en méfiait, car à ses yeux, cette dernière est trop liée à la mythologie, donc à la superstition et aux illusions de l'imaginaire, pourtant environs deux siècles plus-tard, c'est au travers de Lucrèce, un poète philosophe austère et mélancolique que l'on connaît le mieux Épicure et sa doctrine ; le destin est parfois étonnant.

La pensée de Lucrèce a une dimension

tragique, certes, dû à son tempérament, un caractère plus taciturne que celui d'Épicure, mais on peut aussi comprendre cette *'austérité tragique'* si l'on peut dire, par les évènements de son temps, un temps de conflits externes, mais surtout de conflits et de conspirations internes dans la grande Rome même. Dès lors, poète de son temps, Lucrèce était un penseur tragique, ce que son maître Épicure n'était pas. Épicure, plus optimiste ou plus fataliste, qui considérait, par exemple, que la mort n'est rien. En effet, et là on ne peut qu'être d'accord avec Épicure, tant que la mort n'est pas là nous sommes vivant, et quand la mort est là nous sommes plus là pour la voir, on ne rencontre donc jamais la mort ; quand c'est presque le cas, notre conscience n'est plus. On comprend bien ici ce changement d'état, vie et mort sont deux états différents, quand il y a l'un il ne peut y avoir l'autre et inversement. Lucrèce, comme son maître Épicure, pense la même chose, mais avec une nuance, on comprend bien que, d'accord la mort n'est rien pour nous, ce serait une perte de temps que de s'en faire pour cela durant le temps de notre vie, mais malgré tout, mourir on ne préférerait pas, et Lucrèce accentue ceci dans des exemples, notamment dans le livre III où il y a des centaines de vers, pour expliquer la peur des hommes de la mort, chose terrible dont beaucoup d'homme ne peuvent s'empêcher de craindre.

<< *Et enfin, l'avarice est l'aveugle désir des honneurs, contraignant les malheureux humains à transgresser le droit, à se faire parfois auteur ou bien complices de crimes, dans l'effort qu'ils livrent à grand-peine jour et nuit pour monter au faîte des richesses, pour une large part c'est la peur de la mort qui fournit aliment à ces plaies de la vie.* >>

('*Lucrèce, De la nature des choses*', Chant III, p273, vers 59/62.)

Lucrèce a écrit son poème en hexamètre dactylique, le ver de l'épopée romaine, et c'est ce support qu'est la poésie, la belle et si intense poésie de Lucrèce, qui a peut-être sauvée le '*De Rerum Natura*'. En effet, les moines du moyen-âge qui ont recopiés à la main les manuscrits des auteurs grecs et latins, ces moines grâce à qui nous avons gardé ces œuvres, ont certes, surtout recopiés des œuvres qui n'allées pas à l'encontre de leur religion, des œuvres compatibles avec leur religion ; Platon, Aristote, les stoïciens ça pouvait aller, mais cet auteur hédoniste qui célébrait le plaisir, les atomes, et renvoyait les Dieux dans des mondes lointains où ils n'ont que faire de nous, là, on peut le comprendre, c'était difficile pour ces bons moines d'accepter d'y porter attention et de le recopier, ce qui fait que d'Épicure ils n'ont pratiquement rien recopiés, et de Lucrèce on a deux manuscrits du moyen âge. À savoir tout de même, que si les moines ont recopié les manuscrits de Lucrèce, ce n'est pas tant pour sa philosophie orthodoxe de l'épicurisme, on s'en doute, mais c'est parce qu'ils ont été sensible à la beauté de la poésie de Lucrèce, et cette sensibilité d'hommes érudits qu'étaient les moines, a grandement participée à la sauvegarde du '*De Rerum Natura*'.

Lucrèce, un penseur tragique ? En fait, il est un penseur de son temps, mais aussi il pousse plus loin qu'Épicure ses réflexions, ne se contentant pas d'une analyse duelle, c'est-à-dire posée vers ce qui est bon ou ce qui est mauvais, il raconte ce qu'il constate et le dit, même si cela doit choquer comme on peut s'en rendre compte avec ses critiques sur la religion. Lucrèce considère et respecte les Dieux, c'est à la religion romaine de son temps qu'il s'en prend, bien sûr les religions des époques qui ont suivie vont prendre ses propos pour leurs comptes et les considérer comme infamant, mais comprenons bien cette pensée '*Lucrétienne*', c'est à la religion qu'il s'en prend, pas aux Dieux, plus exactement il s'en prend aux hommes de la religion, car la religion c'est les hommes qui la font, ce n'est pas les Dieux.

Notons tout de même avant d'aller plus loin, le fait que l'on devrait plutôt parler de religions au pluriel comme le pense Marcel le Glay ; en effet, dans l'introduction de son livre '<u>La religion Romaine</u>', Marcel le Glay spécifie que la religion Romaine a toujours était largement tolérante vis à vis des autres religions, et de nombreuses divinités exotiques et rites étrangers ont pénétré Rome, ce qui a profondément altéré '*les traits originel de la religion Romaine*' ('<u>La religion Romaine</u>', p8), cela complexifie notamment l'étude spécifique à cette religion, ou plutôt de ces religions, Marcel le Glay signale donc ceci : << *[...] qu'il n'y a jamais eu une religion romaine, mais des religions romaines.* >> (Id.)

Lucrèce, contrairement à ce que beaucoup on dit depuis des siècles, n'était pas hâtée, ainsi qu'Épicure d'ailleurs, mais il remettait à chacun sa part, la part des Dieux n'est pas de s'occuper des hommes, du moins directement, leur part est de s'occuper de l'univers, la part des hommes est de s'occuper d'eux-mêmes, les rituels qu'ils font pour les Dieux ne sont que des moyens pour conjurer leurs peurs, notamment celle de la mort, et leurs faiblesses devant les incompréhensions des choses de la nature.

Les romains s'inquiétés du sort des âmes après la mort ; pour cela la religion romaine n'avait pas de réponse qui pouvait satisfaire l'esprit du romain sur cette vie outre-tombe, si l'on peut dire. Lucrèce, orthodoxe de l'épicurisme, témoigne de cette peur lorsqu'il décrit l'humanité :

<< [...] l'humaine vie gisait écrasée sous le poids de la religion qui, depuis les cantons du ciel, montrait sa tête et, de là-haut, faisait peser sur les mortels son horrible regard, [...] >>

('*De Rerum Natura* ', Lucrèce, p83, vers ~62/65)

Épicure, le maître tant vénéré de Lucrèce, qui pensait que la politique est tellement désespérante qu'il n'y a pas lieu de suivre le cortège de tel ou tel démagogue ou tel apprenti dictateur, n'était pas athée, il pensait qu'il n'y a rien après la mort, que les

Dieux existent, mais ces derniers ne s'occupent pas de nous, ils existent, certes, mais ils sont localisés dans les inter-mondes, très loin de nous, loin de notre petitesse humaine, ils n'interviennent absolument pas dans les affaires humaines, donc les gratifications ou les sanctions qu'ils pourraient nous accorder sont des *'Fabulas'* pour le peuple, des illusions de l'imagination. Ces pensées, vont à l'encontre des concepts religieux, d'où ce rejet voire cette haine de l'épicurisme, tout d'abord, de la part de la religion romaine, puis par la suite des religions judéo-chrétiennes. Certes, la dernière raison invoquée n'est pas la seule, mais cette raison a tout de même largement contribué au rejet de l'épicurisme et de l'orthodoxe épicuriste Lucrèce, car le fait que les Dieux pour les romains ou celui des religions judéo-chrétiennes s'occupent de nous ici-bas est une pierre d'achoppement de l'édifice de ces religions, c'est même pour ainsi dire l'essentiel de ces religions. Beaucoup de religieux, même à ce jour, ont une haine à l'encontre de Lucrèce, ce philosophe poète qui a osé émettre des critiques contre la religion, ou plus exactement sur les actes des hommes religieux et leurs mauvaises influences sur le peuple ; Ô sacrilège !

CHAPITRE III

Le bonheur et la foi

-L'homme qui vit dans le bonheur a-t-il besoin des religieux ?
-Quelle est cette chose qu'on appelle la foi qui touche le malheureux comme l'heureux ?
-Le sang des animaux.
-La peur chez les hommes.
-Les opinions de la foule.

Pour beaucoup, en particulier les religieux, l'épicurisme est emplit de disciples voués à la débauche, ils ne songent qu'aux plaisirs et ne sont que des hédonistes jouissant de plaisirs malsains. Cette image, bien injuste et surtout bien loin de ce qu'est vraiment l'épicurisme est, on le comprend, une sorte de caricature poussée à outrance par les religieux, certains milieux philosophiques, et ceci relayé par la pensée populaire. Cette caricature donne une image de ce courant philosophique tout à fait contraire à ce que doit être une personne en attitude philosophique. En effet, ceci est bien loin de la métaphysique, de la morale et de l'éthique philosophique ; ces choses dont le philosophe se sert pour structurer sa discipline. Ces propos mensongés sur l'épicurisme sont dus pour une grande part, à cette gêne voire cette incompréhension de ce qu'est le plaisir, le désir, le corps, la liberté et même le bonheur. Les religieux notamment, on rejetés ce qu'ils ne comprenaient pas, ou du moins ce dont ils étaient frustrés, dès lors la haine a pris place dans leurs cœurs contre l'épicurisme. Grand nombre de religieux ont un problème avec le concept même du bonheur, et c'est à travers les critiques souvent virulentes contre l'épicurisme qu'ils le montrent ; aussi parce que le bonheur est parfois lié aux plaisirs charnels, ce plaisir qui cause tant de problème aux religieux de la plupart des religions. Cette pensée est radicale, sans nuance, certes, mais ceux qui ont caricaturé honteusement l'épicurisme, et à ce jour d'autres le font encore, sont pour la plupart radicaux voire extrémistes pour ce qui concerne l'épicurisme, ses maîtres et ses disciples.

Le bonheur fait peur, il est une sorte d'apogée, et tout bon penseur de l'époque d'Épicure et encore plus à celle, plus austère et chaotique, de Lucrèce, sait qu'il y a une fin à tout, tout se termine un jour, et que peut-il y avoir d'autre après le bonheur si ce n'est moins de bonheur voire carrément son contraire, le malheur ; tôt ou tard les choses déclinent, changent de direction et un nouveau destin se met en place, jusqu'à une nouvelle déclinaison. Mais on ne doit pas refuser le bonheur seulement parce qu'à sa fin, il y en aura moins ou même il y aura dès lors du malheur. Les plaisirs ne sont pas constants, ils ne durent pas, mais il est tout de même bon pour l'homme de les vivre, il est bon pour ce dernier de les chercher, ces plaisirs sans excès, juste en nombre nécessaire pour donner de l'agréable à la vie, et non une surconsommation des plaisirs de débauche. L'épicurisme ne prône pas l'exagération, contrairement à ce que disent ses détracteurs pleins de véhémence et de jalousie, mais juste ce qui est nécessaire à l'homme pour avoir une vie agréable et sereine, l'homme serein est beaucoup plus sage, il est un bon élément pour la cité, car ses plaisirs il les vit avec sagesse, avec cet art du bon équilibre, de la bonne harmonie que l'on doit avoir pour soi et qui, dès lors, influence aussi la cité à être harmonieuse. On pourrait penser qu'il y a ici un problème pour les religieux, car après tout, l'homme en bonne harmonie, l'homme heureux, l'homme qui vit dans le bonheur, a-t-il encore besoin des religieux ?

J'émettrais une réponse, il y en a sûrement d'autres. En fait, tout dépendra de la vie sociale de la personne, mais lors de chaque cérémonie religieuse, baptême, mariage, enterrement ... une personne intégrée dans le tissu social ne pourra échapper au besoin de religieux quand cette même personne se mariera, baptisera son enfant, ou enterrera un être cher, dès lors le religieux devient indispensable, ainsi même heureux et dans le bonheur une personne a besoin d'un religieux pour pratiquer les rituels de ces moments qui parcourent nos vies, peu de gens peuvent vraiment se passer d'être en rapport avec les religieux et la religion, cela fait partie de nos vies qu'on le veuille ou non. Et bien sûr, je ne l'ai pas oublié, il y a la foi, cette foi qui peut toucher le malheureux comme l'heureux. La foi est la pierre d'achoppement de l'édifice religieux, et l'esprit religieux est à l'opposé de l'esprit scientifique, ce dernier étant caractérisé par le doute et non par la certitude, seule la foi est sûre de ce qu'elle proclame, c'est pour cela que le fanatisme peut à tout moment emplir l'esprit du religieux. À noter tout de même, que la foi n'existe pas que dans la religion et qu'il peut y avoir des fanatismes hors du sujet religieux.

Si vous lisez ce livre, c'est que sans doute, vous vous posez des questions, et c'est très bien, car celui qui vit sans questionnement prend le risque de se heurter tôt ou tard et directement comme avec un uppercut, au côté absurde de l'existence. Certes, le questionnement ne donnera pas à toutes les questions des réponses, mais cela permettra tout de même, de donner de nombreuses réponses aux choses qui vous arrivent tout au long de votre vie. C'est à partir de ce questionnement que peut naître le sentiment qu'il y a en soi plus grand que soi, ce que l'on peut appeler, une transcendance ; le sentiment qu'il y a des réponses qui tiennent de l'intime. Le croyant n'a pas réponse à tout, et tout au long de sa vie il s'interroge et se laisse interroger par la vie et par sa foi. Ses interrogations lui permettent d'avancer, de ne pas stagner, notamment intellectuellement. La foi est une randonnée interminable, et la vie se charge de nous questionner à l'aide des situations qu'elle met sur notre chemin et sur ce long chemin qu'est la vie, avec ses bonheurs et ses malheurs, une ouverture peut alors se placer en nous dans laquelle peut s'infiltrer la croyance en D.ieu ; D.ieu comme une réponse. La foi peut donner des réponses, elle donne aussi un sens, dans tous les sens du terme si l'on peut dire, ainsi le mot sens avec la signification de telle ou telle chose, la sensation avec les cinq sens, et le sens de là direction. On comprend ainsi que la foi se vit avec tous les sens, elle nous permet de mieux comprendre la signification des situations vécues, on la ressent à l'aide de nos sens, et elle nous donne une direction. Dans la religion, la foi du croyant amènera celui-ci, vers D.ieu.

ooo

La religion romaine fît couler le sang des animaux lors des sacrifices ; des rituels de sang que Lucrèce exècre.

<< *Souvent, devant un temple ornementé des Dieux, un veau, près des autels où brûlent les encens, tombe sacrifié, et son souffle répand, issu de sa poitrine, un chaud fleuve de sang. La mère, cependant, veuve de son petit, bat tout le vert bocage en quête d'une trace que ses sabots au sol auraient pu imprimer, cherche partout des yeux très*

attentivement si elle pourrait voir son rejeton perdu, et puis elle s'arrête, elle emplit de ses plaintes les bois touffus, et puis voici qu'elle revient à l'étable pour voir, et encore, et encore, car du petit perdu le regret la transperce. >>

('*Lucrèce, De la nature des choses* ', Chant II, p199, vers 352/361~)

Ce triste, mais magnifique passage tiré du poème du Chant II explique notamment que les choses se reconnaissent entres-elles, car elles n'ont pas une forme semblable, il en va aussi des atomes qui se reconnaissent entres eux, ce fait l'est aussi pour les hommes ainsi que pour les animaux, chaque chose est différente, chaque être est différent, et c'est par et grâce à ces différences qu'ils se reconnaissent (Voir à ce sujet, le Chant II à partir du ver 341 ~). Ainsi, une femelle perdant son petit, ne le confond pas avec d'autres et aura grande peine le temps de sa recherche et si elle ne le retrouve pas. Lucrèce, démontre par l'exemple du petit veau, que les animaux sont sensibles, ils ressentent le manque de l'un des leurs, et de ce fait le philosophe poète nous amène à comprendre toute la cruauté qu'il peut-y avoir dans l'acte d'un rituel sur des animaux ; ces actes sont inutiles pour Lucrèce, car les Dieux à qui les rituels sont dédiés, n'ont rien à faire de ce qui se passe sur Terre. On est ici, dans le cadre de cette capacité des hommes à l'horreur, aux fins d'amoindrir leurs peurs, quitte à faire acte du plus infâme. Toutes ces choses sont faites par des érudits, mais ils n'ont qu'une part de la connaissance, ceux-ci n'ont pas la connaissance du monde, de l'univers, de cela ils sont ignares. Sur la vérité des choses sur les Dieux ils sont sans connaissance, car pour Lucrèce, s'ils possédaient cette connaissance des Dieux, ils ne pratiqueraient pas ces rituels ignobles et inutiles. Mais gardons à l'esprit, tout de même, que Lucrèce se sert de l'exemple des rituels sur les animaux afin aussi d'expliquer un concept, c'est-à-dire : le fait que toute choses n'a pas une forme semblable à une autre, c'est cela qui les assemblent, car de ce fait elles se reconnaissent et ne se confondent pas les unes les autres, mais ceci tout en étant de la même espèce, ou faisant partie des mêmes choses.

La peur rend fou les hommes, elle érode le bon sens.

La religion a été créée par les hommes, non par les Dieux, et pour conjurer les peurs et rassurer les peuples elle se sert de rituels, notamment lors des sacrifices d'animaux dont nous venons de parler. La religion peut aussi pousser à la folie des hommes, elle les entrave notamment par des peurs, ces peurs qui empêchent les hommes d'être totalement libres, la religion recréé et façonne des peurs. Comment comprendre cela ? En fait, la religion évite de plus grandes peurs et folies ; la religion sauve les hommes du pire, c'est un de ses buts. Elle met aussi un frein à une trop grande liberté individuelle qui détruirait l'harmonie entre les hommes, car certes, chaque homme est une partie, mais ils doivent tous être conscients qu'ils sont du même '*tout*' ; c'est le concept de fraternité. Le problème, on peut ici le comprendre, ce n'est pas la religion, mais les hommes qui la dirigent, la mettent en action et influencent '*les opinions de la foule*', et qui sont aussi influencés par cette dernière.

Au paragraphe 123 du Livre X des '*Vies et doctrines des philosophes illustres*' de Diogène Laërce, dans une traduction d'Octave Hamelin, voici un extrait de la lettre d'Épicure à Ménécée :

<< Commence par te persuader qu'un dieu est un vivant immortel et bienheureux, te conformant en cela à la notion commune qui en est tracée en nous. N'attribue jamais à un dieu rien qui soit en opposition avec l'immortalité ni en désaccord avec la béatitude ; mais regarde-le toujours comme possédant tout ce que tu trouveras capable d'assurer son immortalité et sa béatitude. Car les Dieux existent, attendu que la connaissance qu'on en a est évidente. Mais, quant à leur nature, ils ne sont pas tels que la foule le croit. Et l'impie n'est pas celui qui rejette les Dieux de la foule : c'est celui qui attribue aux Dieux ce que leur prêtent les opinions de la foule. >>

La religion permet d'atténuer des peurs et de créer des espoirs, et ceci, quoique l'on en dise, permet à certains, et ils sont nombreux, de mieux vivre voire de survivre. La religion a été cause de beaucoup de massacre, certes, mais elle a été, plus exactement, un outil utilisé à de mauvaises fins par des humains aux esprits défaillants, car même si certains d'entre eux étaient érudits, et je pense notamment aux moines catholiques, ces moines qui ont pratiqué l'inquisition, fait massacrer les protestants, ou de pauvres femmes considérées comme des sorcières, ces moines donc, n'étaient sûrement pas des ignares hors de l'instruction, et je ne m'attarderais pas sur ces prêtres qui plus tard ont, comme tant d'autres, vendus par le moyen de la lâche délation anonyme, des Juifs ; L'érudition ne protège pas de la folie, un homme érudit peut tout à fait avoir en lui une part de son esprit rogné par la folie. On comprend dès lors que la religion n'est pas cause d'horreurs, mais plutôt parfois un support aux folies de quelques hommes, et je ferais ici une métaphore : un couteau bien aiguisé permet de couper des aliments, c'est un outil très utile, pourtant, utilisé à de mauvaises fins, il peut être l'objet d'actes les plus horribles.

CHAPITRE IV

La religion et ses outils

-Qu'est-ce que la religion ?
-Les outils de la religion.

La religion est une structure idéologique construite de conduites rituelles et de croyances qui sont relatives au sacré ; ce sacré qui est à distinguer du profane. Le sacré représente ce qui est délimité, immuable, et dont le savoir (de ce sacré) n'est pas à la portée de tous, alors que ce qui est profane est accessible et changeant.

Aux XVIe et XVIIe siècles, l'athée devait se justifier, il suscité de la curiosité, de l'incompréhension et souvent du mépris. Après le XIXe siècle cela s'inverse un peu, et sans être aussi méprisé, c'est le croyant qui doit, non pas se justifier, mais au moins répondre à certaines questions dans le genre : pourquoi tu crois en D.ieu ? Il n'y a pas de preuve de l'existence de D.ieu ou de quelques

Dieux que ce soient, alors pourquoi y crois-tu ? Ce n'est pas raisonnable de croire en D.ieu, es-tu fou ? … et d'autres questions dont nous nous passerons, car elles sont stupides voire méchantes, souvent posées par goût de la provocation d'ailleurs ; il y a parfois des '*âmes piquantes*'.

Les outils de la religion :

1)L'anxiété :

Tout d'abord nous avons l'anxiété, cette anxiété qui est le fruit, du moins le fruit amer, de l'indigence et de l'insécurité qu'a l'être humain face à la nature, cette dernière est pour une grande part des hommes un mystère dont ils ne comprennent que très peu de choses. Cette anxiété est mélangée avec une peur glaçante de ce que l'on ne peut décrire, et que l'on ne peut à peine exprimer, mais qui pourtant est bien là.

2)La nature :

L'homme a en quelque sorte établit un culte d'une nature personnalisé, de ce fait une possibilité d'influence voire d'un contrôle sur cette nature, mais ce contrôle est illusoire, et quand il est parfois efficace, il cause beaucoup de dégâts qui se retournent contre l'humain, la nature n'est pas vengeresse, mais l'humain manque souvent de discernement pour comprendre la possibilité d'un chaos qu'il peut provoquer quand il veut maîtriser la nature.

3)La mort :

La mort est aussi un des outils de la religion, notamment celle qui émane d'un cadavre en décomposition. La mort n'est pas un ennemi de la vie, il est mieux de la considérer comme utile à la vie, ainsi il faut la respecter tout comme on doit respecter les morts.

La mort est nécessaire, et la religion nous fournit le culte des ancêtres.

4) L'origine et le but du vivant :

Nous avons le problème de l'origine et de la destination du vivant, et cette recherche de l'origine et de sa fin est explicitée de manière plus ou moins obscure dans les mythes.

Dans les quatre cas que nous venons

d'évoquer, il y a la frayeur de toutes ces choses que l'on ne peut contrôler, et pour contrer ceci nous avons une sorte de possibilité de contrôle par la sacralisation et à l'aide de la sacralisation. De cette manière l'essence du religieux est le sacré et non la croyance en un D.ieu ou des Dieux. En effet il y a des religions qui n'ont pas de divinité, notamment les religions animistes qui sont propre à une communauté, celles-ci sont nommées '*religions ethniques*'.

La religion est construite de rites qui font partie d'un ensemble de pratiques cadrées visant le sacré. Les rites sont à usage collectif, ou inscrit dans une pratique plus ésotérique utilisée seulement par les hauts initiés de telle ou telle religions. L'humain doit sortir de sa condition d'animal, mais il ne peut tout à fait s'en défaire. Ainsi on peut considérer que les rites représentent l'intégration de ce dépassement partiel dans la vie quotidienne, grâce à des actes répétés, ayant pour visée de s'accommoder les choses qui nous échappent.

Il y a face à l'incontrôlable trois possibilités :

1)La première est de se séparer de ce qui nous est incontrôlable, je ne peux contrôler ceci ou cela, donc je l'interdit ou je m'en éloigne ; dès lors c'est la mise en place de tabous.

2)La deuxième possibilité et d'essayer de rejoindre ce qui est incontrôlable, on rejoint l'incontrôlable pour essayer de le contrôler ; on est ici dans la manipulation. Ceci consiste à transgresser les tabous, à abandonner le naturel pour l'extranaturel, sachant que cette possibilité est réservée à des individus hors du commun.

3)Quant à la troisième possibilité, elle se pose sur le fait de se séparer de l'incontrôlable et d'être en contact avec ce dernier ; c'est la sacralisation. À titre d'exemple, un individu peut se séparer de la mort dans sa pensée, sachant tout de même qu'elle arrivera à un moment donné, il n'y pense pas et vit sa vie, mais à certains moment de l'année, il voue un culte à la mort ; ceci est une manière de se séparer de l'incontrôlable et d'être en contact avec ce dernier, ainsi, cela donne l'impression, certes illusoire, de contrôler l'incontrôlable.

Sur l'importance de la religion, un philosophe allemand du XVIIIe siècle, Arthur Schopenhauer, a écrit ceci : << *Les temples et les églises, les pagodes et les mosquées, dans tous les pays, à toutes les époques, dans leur magnificence et leur grandeur, témoignent de ce besoin métaphysique de l'homme qui, tout puissant et indélébile, vient aussitôt après le besoin physique. >>* ('*<u>Schopenhauer - Le vouloir vivre</u>*', partie I, '*Le monde comme représentation*', p15 §2), et Schopenhauer de penser que si les préceptes religieux sont inculqués très tôt dans la vie de l'homme, alors ce dernier s'en contentera pour établir un soutien à sa moralité. La religion peut donc être considérée comme un ciment social et une structure qui aide à l'ordre social et permet pour une grande partie des individus, l'apprentissage de la morale. La religion donne à l'homme une direction, elle lui donne un pli, elle est éducatrice, et si la nature de l'homme est d'être libre et de vouloir l'être, il prend facilement un autre pli lorsque l'éducation le lui donne ; à ce sujet je vous renvoie au livre fort intéressant d'Étienne de La Boétie : '*<u>Discours de la servitude volontaire</u>*'.

Le cheminement de la plupart des religions est constitué d'envolés prophétiques, de dissidences, de schismes, qui ne s'en sont pas tenus qu'à des disputes intellectuelles. Certes, les religions ont été souvent des causes de divisions emplient de haines extrêmement virulentes, construisant d'importants désordres au sein même des sociétés qui les avaient vus naître. Mais, après une réflexion, une analyse, on prend conscience que la religion n'est pas un danger, bien au contraire, elle structure tant bien que mal une société, et comme la démocratie, qui n'est pas un régime politique parfait, mais assurément le moins pire, la religion, elle aussi n'est pas parfaite, elle n'est pas un système parfait, sans faille, pour gérer la bonne entente entre les êtres humains, mais elle est tout de même utile, elle calme en créant notamment des interdits moraux, en nous obligeant à respecter les institutions, ainsi que les castes supérieures qui gèrent la société de manière à ce qu'elle perdure sans trop de heurts.

Plus exactement, c'est le fanatisme religieux, ce boulet d'épouvante indestructible traîné par la religion, qui est un véritable danger causant des désordres et des guerres, qui dans le même temps pose l'opprobre sur le dos, si l'on peut dire, de la religion. Les religions, pour la plupart, construisent des liens entre les hommes, même si elles peuvent dans le même temps donner naissance à d'effroyables conflits. Ce n'est pas la religion qui est dans l'erreur, mais les hommes, et pour expliciter cela je prendrais l'exemple du fou dont parle le philosophe, prêtre et théologien français, Nicolas Malebranche :

<< Pourquoi le fou marche-t-il dans les ténèbres ? C'est qu'il ne voit que par les yeux d'autrui, et que ne voir que de cette manière, à proprement parler, c'est ne rien voir. L'usage de l'esprit est à l'usage des yeux ce que l'esprit est aux yeux ; et de même que l'esprit est infiniment au-dessus des yeux, l'usage de l'esprit est accompagné de satisfactions bien plus solides et qui le contentent bien autrement que la lumière et les couleurs ne contentent la vue. Les hommes toutefois se servent toujours de leurs yeux pour se conduire et ils ne se servent presque jamais de leur esprit pour découvrir la vérité. >>

('*De la recherche de la vérité*', Malebranche, Chap. III, p64)

<< Sapientis occuli in capite ejus, stultus in tenebris ambulat. *Eccl., 2, 14. >>* (id)

Traduction : *<< Les yeux du sage sont à sa tête, l'insensé marche dans les ténèbres. >>* ('*La grande Bible de Tours*', Ecclésiaste, Chap. II, p881, verset 14)

Le sage réfléchit et voit dans quelle direction
il doit aller ; le fou avance, sans réfléchir
pourquoi il va dans telle ou telle direction.

Bien des siècles plus tard, Jean Paul
Sartre soutiendra dans sa philosophie
l'existentialisme, la pensée que l'homme a
sur ses épaules la responsabilité totale de son
existence, je cite :

<< *Ainsi, la première démarche de
l'existentialisme et de mettre tout homme en
possession de ce qu'il est et de faire reposer
sur lui la responsabilité totale de son
existence.* >>

('*L'existentialisme est un humanisme*', Sartre,
p31)

Ici, Sartre spécifie le fait que l'homme est
entièrement responsable de sa vie, lui et lui
seul, et qu'aucune divinité ne vient interférer
en quoi que ce soit, dans les décisions et actes
de l'homme ; sur ce dernier point, Sartre
rejoint la pensée d'Épicure, qui considérait
que les Dieux n'ont que faire de la vie des
hommes ici-bas.

Un peu plus loin, Sartre, dans l'explicitation de sa philosophie a écrit ceci :

<< L'existentialiste ne pensera pas non plus que l'homme peut trouver un secours dans un signe donné, sur Terre, qui l'orientera ; car il pense donc que l'homme déchiffre lui-même le signe comme il lui plaît. >> (p40).

En lisant ceci on a aussi une pensée pour Pierre Bayle avec son œuvre '*Pensées diverses sur la comète*', cette œuvre qui est le premier écrit de Pierre Bayle, dont le sujet est la venue d'une comète visible fin 1680/début 1681, où il critique les religieux qui voient-là un signe divin, annonciateur d'une colère Divine contre les athées, les impies et les pêcheurs ... Cette œuvre fût écrite dès 1681, au cours de son emploi de professeur de philosophie et d'histoire à l'Académie de Sedan et fût publiée à Rotterdam en 1682. Je cite :

<< Pour qui cherche des signes, le passage d'une comète est une aubaine, quand bien même elle présagerait des malheurs ... Mais comment le Dieu des chrétiens aurait-il permis que les hommes se fourvoient dans des superstitions ? Ces croyances ridicules ne

seraient-elles pas plutôt entretenues par les princes et les clercs ? >>

('*Bayle, Pensées diverses sur la comète*', quatrième de couverture).

Avec son ouvrage, Bayle veut détruire dans l'esprit des gens toutes croyances superstitieuses attachées aux comètes ; ces phénomènes sont de l'ordre de la nature et l'homme est bien orgueilleux de croire que le mouvement de ces astres puisse être réglé en fonction de l'homme et lui servir de médiat annonciateur, par exemple, d'un grand malheur. Ce philosophe fait remarquer dans son œuvre que l'homme croyant à ces choses est un idolâtre, ceci est contraire à la raison humaine, mais ceci est tout de même conforme à sa nature. Dans son œuvre Bayle pose des réflexions qui annoncent la philosophie des lumières, avec des critiques sur la tradition et l'autorité, la revendication d'un libre examen critique, une priorité de l'expérience et de l'esprit scientifique.

Les religions ont été bafouées et misent plus bas que terre ; elles sont, certes, parfois sources de conflits, mais, elles maintiennent malgré tout un équilibre. La plupart des êtres humains ont besoins d'une religion ; sans elle, l'humain, notamment celui qui a peu de connaissance, va dans tous les sens et fini par se perdre, et dans les mauvais moments à quoi peut-il se raccrocher quand le désespoir apparaît ? Dès lors, deux questions se posent, celles de savoir si les religions sont non-seulement des agents de discorde, et si les religions le sont plus que d'autres structures sociales comme la politique, les systèmes économiques, les identités culturelles ... En effet, la religion peut être mobilisée pour infiltrer la dualité, le désaccord, l'embarras dans une communauté fondée sur un socle national, culturel ou bien économique voire pour déstabiliser un pays. Les religions sont polémogènes, notamment à cause du fait qu'elles sont construites de groupes aux bornes strictes et inflexibles, au contraire des langues ou des normes juridiques dont on peut mettre en application différentes variantes, notamment en fonction du lieux où l'on se situe, alors que la religion est exclusive et l'on ne peut la modifier sous peine d'être un mauvais adepte, et de subir le courroux de son D.ieu ou de ses Dieux, même si le pire, dans ces cas-là, est les religieux voire les autres adeptes de cette même religion, qui peuvent devenir de véritables bourreaux ... encore de nos jours, d'ailleurs.

Il est intéressant de souligné que

beaucoup de religions ne sont pas pour un rapprochement avec les membres d'autres obédiences religieuses et que l'enjeu des discordes religieuses a plus de conséquences que l'enjeu de simple différences culturelles ; c'est à dire que les religions étant normatives, elles entraînent dès lors, des effets dans les mœurs, les comportements en public et au sein même de la famille, dans la procréation, la sexualité, la morale ... Mais il est tout de même important de savoir et de dire, que les arguments susmentionnés, n'invalident en rien le fait que la religion est un ciment social.

Il est important de souligner que la puissance des croyances religieuses ne se trouve pas dans leur contenu, mais dans le fait qu'elles sont partagées et stipulent des règles collectives ; le contraire n'étant pas le trouble, l'agitation au sens politique du terme, mais plutôt un état où l'individu tend vers la solitude morale, vers des passions et intérêts exclusifs, c'est-à-dire un égocentrisme qui peut être dangereux pour une société démocratique.

CHAPITRE V

La religion perdure

-Les conjectures sur la fin de la religion.
-La religion sert de protection contre le matérialisme.
-L'homme parmi ses frères.
-La religion est-elle éternelle ?

Les sciences humaines ont souvent utilisées la religion comme objet de recherche et tentées de trouver les mystères de la religion. Depuis le XIXe siècle, on affirmait que la science allait virer sans état d'âme toutes les superstitions, avec notamment la technique qui supplanterait la magie, la médecine qui mettrait au rebus les prières, la politique qui écraserait comme un seul homme le messianisme, dès lors la religion disparaîtrait progressivement, mais sûrement ; on constatait d'ailleurs la baisse de la participation religieuse, et l'augmentation de la laïcisation dans les pays dît civilisés, la déliquescence de la religion était alors un fait établit, face à la puissante modernité. Or, depuis une trentaine d'année environ, on doit se rendre à l'évidence, cette anticipation futuriste du XIXe siècle était fausse. Ces arguments du passé posés par des intellectuels aveuglés par un orgueil démesuré ou, ce qui ne les excuse pas, manipulés par les lobbies des diverses industries se sont trompés, du moins en grande partie, car une petite part à tout de même un peu rogner la crédibilité de la morale de beaucoup de religieux, mais le peuple a su ne pas tout mélanger, il a fait la part des choses, ne mélangeant pas '*la religion*' et '*les religieux*', certes des religieux ont été mis en cause, mais la religion bien que touchée n'a pas subie de grands dommages ; la résurgence de toutes sortes de religiosité dans le monde le prouve.

La raison est dût au fait que les populations sont réfractaires à un monde auquel elles ne peuvent accéder, dès lors les religions montrent la voie du salut, individuel ou collectif, sur terre ou dans le ciel, à des populations qui sont en marge des castes supérieures, et profitant du mécontentement de la société qui préexiste, les religions subjuguent des masses de déclassés qui se sentent délaissés et oubliés, cette masse et souvent la proie des religions, mais en y regardant de plus près, ce n'est pas forcément pour le mal de cette masse, car la religion a aussi pour fonction de calmer l'esprit du petit peuple en lui rappelant notamment son devoir de bien se comporter ici-bas afin d'avoir une chance d'aller au Paradis après le trépas. Ce Paradis tant espéré qui provient de croyances concernant la résurrection des corps après la mort. Le Paradis est le lieu spirituel où règne D.ieu le père, Jésus Christ, la vierge Marie, les Prophètes, les Patriarches et les Anges ... Le Paradis apparaît tardivement dans la tradition Judaïque, lorsque le livre d'Ezéchiel le fait coïncider avec l'endroit de la résurrection des corps. Les Pères de l'Église considèrent que les âmes des bienheureux vont au Paradis, situé dans l'Empyrée, ils traversent des sphères célestes, chacune d'elles étant gardées par un Ange. Dans l'Antiquité et au Moyen Âge, l'Empyrée est la partie la plus élevée du ciel, séjour des divinités célestes et séjour des bienheureux. On retrouve ici l'image de la montée au ciel dans le songe de Jacob (Judaïsme) et dans le dogme de l'ascension en corps et en esprit, de Jésus Christ et de la vierge Marie (Christianisme). Autrement dit, le Paradis est la demeure de la béatitude éternelle, atteinte au terme d'un long voyage ascensionnel de l'âme, qui passe par des sphères célestes jusqu'à l'Empyrée.

La religion permet aussi d'être une protection contre le consumérisme et la corruption politique, elle sacralise le monde. Bien sûr, elle ne construit pas un monde parfait, la corruption existe, la surconsommation est bien présente, mais sans cette capacité qu'à la religion à rappeler à l'homme les véritables valeurs, le monde serait bien pire que ce qu'il n'est. La société moderne a blessé les structures d'entraides, si nombreuses dans les sociétés du passé, elle les a gâché, pervertie voire détruite ; la religion, elle, apporte une solidarité permanente quel que soit les époques, cette solidarité est constante et posée sur un socle indestructible, contrairement, par exemple à la politique, si changeante et fragile.

Le message qu'envoie la religion pourrait être interprété comme un argument politique qui voudrait que ses adhérents aillent dans tel ou tel idéologie, mais il n'en n'ait rien, car l'adhésion des peuples à un message leur signifiant la possibilité d'un salut, ne peut s'expliquer seulement par des promesses d'accéder à un monde meilleur, que cela soit sur terre ou au ciel. En effet, si les religions pénètrent aussi aisément les communautés, c'est aussi qu'elles donnent à leurs adhérents des bénéfices non négligeables, que ce soit sur le plan familial, social, relationnel et psychologique.

Un des ressorts de la poussée religieuse de par le monde, réside dans sa qualité humaine à donner la parole à ceux qui ne valent plus rien, du moins ceux-ci le croient-ils, car la religion les valorise dans cette idée que tout à chacun est capable de prendre des initiatives et d'être utile à la société, et par ce fait de jouer un rôle important parmi ses frères humains, dès lors l'inutile se sent utile, l'espoir revient en lui, *'L'espoir fait vivre !'* comme on dit, et pour certains ce ne sont pas de vains mots ; cet espoir leurs permets de mieux vivre voire de sauver leurs vies. Dès lors, la personne est reconnue par des frères humains, cette communauté à laquelle elle a toujours appartenue, mais qui l'espace d'un temps la délaissée pour diverses raisons, parfois même par besoin de la personne elle-même, trop fragile dans une vie où seuls les plus forts sont appréciés, ou du moins les plus rusés, non pas les plus intelligents mais les plus rusés, ceux qui s'attachent à une morale externe, c'est-à-dire pour la vue des gens, mais qui dans leurs têtes n'ont que du mépris pour ceux qui sont au plus bas socialement. La religion offre cette merveilleuse providence qui est en fait un chemin personnel afin d'accéder au salut, notamment par un ressourcement permanent d'une bonne morale visant un bien en harmonie avec les autres. Par la prière ou la méditation, la religion permet à l'homme de se ressaisir et de, pour ainsi dire, garder la tête froide vis-à-vis d'évènements difficiles qu'il peut avoir au cours de son existence.

La religion est-elle éternelle ?

Oui, tant qu'il y a des êtres pour la vivre. La religion peut avoir des formes diverses plus ou moins modernes ou archaïques, mais la religion existera tant que des hommes et des femmes existeront, voire des êtres plus évolués ou un peu moins évolués sur d'autres planètes. Pour appuyer ma pensée sur cette question, je citerais quelques phrases de François de Salignac de La Mothe-Fénelon, nommé plus communément Fénelon, tirées de son livre '*Les aventures de Télémaque*', du passage où Hercule apparaît à Philoctète, en présence de Néoptolème et Ulysse, pour lui annoncer les ordres de Jupiter :

<< *Après la prise de Troie, tu enverras de riches dépouilles à Péan ton père, sur le mont Oeta ; ces dépouilles seront mises sur mon tombeau comme un monument de la victoire due à mes flèches. Et toi, Ô fils d'Achille (Néoptolème) ! Je te déclare que tu ne peux vaincre sans Philoctète, ni Philoctète*

sans toi. Allez donc comme deux lions (Néoptolème et Ulysse) qui cherchent ensemble leur proie. J'enverrai Esculape à Troie pour guérir Philoctète. Surtout, Ô Grecs, aimez et observez la religion : le reste meurt ; elle ne meurt jamais. >>

('*Fénelon - Les aventures de Télémaque* ', p62, §5)

Tant qu'ils aiment et observent la religion, elle ne meurt pas, on comprend ici, dit autrement, ce que je disais précédemment. Tant qu'il y a des êtres pour vivre la religion, elle vit, elle ne meurt pas. La religion est donc éternelle, tant qu'il y a des êtres pour l'observer.

CHAPITRE VI

Liberté de croire

-La religion est un garde-fou.
-D.ieu est un moyen de mesure.

Chacun doit avoir la liberté de croire à une religion de son choix. Chacun a le droit de brandir l'étendard de la liberté religieuse comme une des libertés essentielles que devrait avoir tout être humain. Mais, à ceux qui prônent haut et fort ce droit à cette liberté religieuse, sous couvert de liberté d'opinion, de croyance, de religion ... on peut rétorquer qu'une communauté ou un groupuscule, quel qu'il soit, peut priver les enfants en son sein, moins avisés des vérités de la vie, de libertés fondamentales, notamment de connaissance scientifique. Une religion ne doit pas être fermée sur les progrès de la science, ainsi que sur les changements des mœurs du moment. La religion ne doit pas s'immiscer dans les activités politiques, mais elle doit pouvoir donner son avis sur un sujet politique pour lequel la religion aurait son mot à dire, comme la morale, les mœurs, l'éthique, la condition humaine … à condition que ce ne soit pas un avis qui pourrait mettre à mal un progrès scientifique ou une technologie ; en effet, la religion est parfois réfractaire aux nouvelles avancées scientifiques et technologiques. L'homme veut s'affranchir de la souffrance et de la peur, pour cela il accepte les illusions ; la connaissance peut lui faire peur, car c'est en effet par la connaissance que s'écartant des illusions du monde des phénomènes, l'homme se réveille. Avec ce réveil il prend conscience du vrai et du faux, mais souvent dans le même temps il accède aussi à de grandes douleurs. Être dans le réel, refuser les illusions, ne voir les choses que hors du voile des illusions peut faire mal, la réalité est, pour de nombreux individus, douloureuse. C'est un acte de courage que d'écarter le voile et de regarder la vérité en face, et les sciences permettent de trouver cette vérité.

La religion existe aussi afin de créer des paravents si l'on peut dire, comme les miracles, ou les '*Fabulas*' à l'époque romaine, ceci afin de calmer et de protéger les esprits faibles ou les esprits les plus virulents. La religion entoure de ses croyances les personnes de manière à ce qu'elles ne se contentent que de vivre, c'est-à-dire sans prendre de risque dans leur vie : manger, travailler, dormir, se marier, faire des enfants … en fait être obéissant, ceci afin d'aider la société à être stable, et disons le mot : '*Sage*' ; ainsi l'humanité peut perdurer. La religion rend sage, les horreurs qui parfois en découlent sont dus aux humains, comme on l'a déjà spécifié de nombreuses fois dans notre étude. Certes, religion ou pas, beaucoup d'humains s'entretueraient de toute manière, mais sans la religion je pense que le nombre d'individus qui s'entretueraient serait beaucoup plus élevé, et dès lors la vie humaine sur notre bonne vieille Terre serait en danger ; la religion, quoiqu'on en dise sert de garde-fou.

Dans une religion, le D.ieu sert d'exemple pour l'humain, D.ieu est alors un idéal. Pour l'homme, l'idéal n'est pas une réalité mais une visée, ce vers quoi il doit tendre, en l'occurrence, la perfection, représenté par D.ieu. Pour expliciter cela, je citerais un passage d'Emmanuel Kant, qui considère que nous avons en nous un '*homme divin*' auquel nous nous comparons, cet '*homme divin*' nous sert en quelque sorte de mesure, d'étalon pour juger notre conduite :

<< La vertu et, avec elle, la sagesse humaine, dans toute leur pureté, sont des Idées. Mais le sage (dont parle le stoïcien) est un idéal, c'est-à-dire un être humain qui existe uniquement dans la pensée, mais qui est pleinement congruent avec l'Idée de la sagesse. Tout comme l'Idée fournit la règle, l'idéal sert, en un tel cas, de prototype pour la détermination complète de la copie ; et nous n'avons pas d'autre mesure permettant de juger nos actions que la conduite de cet homme divin présent en nous auquel nous nous comparons, d'après lequel nous portons sur nous-même une appréciation et nous nous perfectionnons, quand bien même nous ne pouvons jamais atteindre sa perfection. Ces idéaux, quoique l'on ne puisse leur attribuer de la réalité objective (existence), ne doivent pourtant pas être considérés comme des chimères, mais ils fournissent à la raison une mesure indispensable pour juger : la raison a en effet besoin du concept de ce qui est (A 570/B 598) absolument parfait en son espèce pour pouvoir apprécier et mesurer d'après lui le degré et le défaut de ce qui est imparfait. >>

('*Critique de la raison pure* ', Kant, p516 §4, p517 §1).

Ce passage de Kant de la '*Critique* ', explique ce qu'est D.ieu pour l'homme, sachant tout de même, qu'à la suite p517 §1, Kant signifie que le fait de vouloir réaliser un idéal à l'aide d'un exemple, d'un modèle est en quelque sorte insensé, car on peut avoir un doute sur cet exemple interne, en nous, et dès lors l'idée que l'on utilise comme un idéal peut être alors '*objet de soupçon* ', car il peut être considéré comme apparenté à '*une simple fiction* '.

CHAPITRE VII

Notre siècle est religieux

-Quelle sont les différences entre la religion et la secte ?
-Les petites religions.
-Croire ou ne pas croire ?
-Médiats entre immatériel et matériel.
-Rôle des pratiques et croyances religieuses dans notre survie.
-Liberté et laïcité.
-L'utopie des droits de l'homme.

Certains diront qu'une secte est une parodie de la religion, en effet, parfois il est vrai que les sectes avec leur rituel en donne l'impression. D'autres diront que la religion est une secte qui a réussi, ceci est un peu exagéré, car du point de vue doctrinal, c'est-à-dire du contenu des croyances, et du point de vue sociologique, c'est-à-dire de l'implantation du groupe dans le paysage social, on pourrait penser en effet que la religion est une secte qui a réussi, mais soyons plus précis, en fait il n'y a peut-être pas de différence de nature entre une religion et une secte, mais il y a tout de même une différence de degré et/ou de notoriété.

Il faut considérer une secte, soit comme une émanation dissidente d'une religion qui est reconnue, soit comme un ensemble d'individus ayant choisi de suivre les prédications d'un prêcheur, d'un maître. Par exemple, dans l'antiquité la Chrétienté, avant d'être une religion, était une secte dissidente de la religion Juive. Au fil des siècles, et plus particulièrement ces dernières décennies, la notion de secte a évolué, et se place sur la considération du terrain comportemental de la secte analysée. Ainsi c'est le comportement vis-à-vis de l'ensemble du groupe, notamment des enfants et aussi de la société qui va être analysée et étudiée beaucoup plus que la doctrine du groupe en question ; dès lors, l'étude des actes est prioritaire, l'étude de la croyance est secondaire. Les analyses se font en fonction de différents critères retenus par les organisations antisectes, différentes commissions, ainsi que par les missions gouvernementales, notamment en France, pour déceler dans tel ou tel groupement spirituel une foi saine et ouverte, ou une foi sectaire.

La structure de la secte est pyramidale, et

son mode de gestion est totalitaire. Le disciple ou l'adepte se place dans une soumission totale à l'autorité de son Gourou, ou de l'organisation qui perpétue le message de ce dernier. La secte donne un enseignement exclusif que nul ne doit remettre en cause, car la secte considère qu'elle détient la vérité et qu'elle seule peut offrir le monopole du salut. Le prosélytisme est encouragé même conseillé voire forcé.

De nombreuses césures sont préconisées par la secte, en effet, les adeptes sont invités à placer une distance importante avec leur vie passée, leurs relations, leurs tendances et leurs conceptions des choses qui ne seraient pas conforment aux règles de la secte. Les relations extérieures sont souvent écartées et diabolisées, tout ceci entrant dans le plan stratégique d'une dynamique de rupture et d'enfermement ; dès lors, l'adepte rentre progressivement dans un *isolat culturel*.

Avec la séduction, parfois la sexualité, la culpabilisation, les menaces, les promesses de développement et de salut élitiste, la secte parvient à altérer l'identité de l'adepte, ce dernier va alors immanquablement s'enfermer dans une geôle mentale et sociale, il sera dès lors un instrument utilisé au profit du groupe. La secte fait croître dans l'esprit de l'adepte la crainte du rejet, et accroit une logique de loyauté. Elle influence ses adeptes à une surveillance mutuelle, souvent avec le prétexte d'un intérêt fraternel, *'surveiller son prochain, c'est prendre soin de lui'*. Dès lors, l'adepte est totalement dépendant au système de la secte et considère que le monde extérieur est menaçant, dangereux et chaotique ; à ce moment-là, la possibilité pour l'adepte de quitter le groupe, de lui-même, est presque impossible.

À l'opposé, une foi saine est libératrice, n'a pas besoin de l'avis du groupe, de ses interventions, de ses codes pour être pleinement vécue. Cela ne veut pas forcément dire que cette foi sera vécue en solitaire, mais en groupe elle préfèrera le service et l'aide aux autres, même en dehors du groupe, et cette foi refusera les sévices. Cette foi ne se laissera pas prendre en charge par un Gourou dans une sorte de paternalisme exacerbé, mais elle comptera sur D.ieu pour développer une sagesse et une bonté qui permettra à cette foi d'être en quelque sorte un outil pour venir en aide à son prochain, comme il plaît à D.ieu. Ainsi, la foi dans une religion saine, aura pour visée l'épanouissement des personnes, ce qui provoquera dans l'esprit de l'adepte une ouverture au monde et envers autrui. Dans une religion saine les individus sont considérés comme des créatures de D.ieu qu'il faut honorer et aimer. Elle fera parfois du prosélytisme, mais toujours dans un but de partage et avec une honnêteté intellectuelle, de la diplomatie, de la douceur, avec compassion et discernement. Une religion saine prêchera l'égalité entre les hommes, prônera l'humilité et elle n'élèvera que D.ieu seul.

ooo

Les croyances en marge de l'Église, la mimant ou en totale opposition avec elle et condamnées par elle, ont été nombreuses au cours du XIXe siècle et du XXe siècle. Certaines se sont éteintes, d'autres existent encore, parfois secrètes ou inavouées avec des manifestations rituelles plus ou moins étranges. Ces petites religions furent créés par des illuminés convaincus et convaincants, des fois chastes et puritains, mais il faut le dire, souvent obsédés par les préoccupations sexuelles, et leurs adeptes souvent naïfs ou forcés s'y dévouèrent corps et âmes si l'on peut dire. Le fondateur avec sa voix, son art de la rhétorique, son regard perçant, son autorité naturelle, et un don de vendeur lui permettant de convaincre, exerçait une fascination extraordinaire sur les personnes qu'il rencontrait et qui l'entouraient. À ce sujet on peut parler du Père Enfantin, créateur de l'Église de Ménilmontant, et de Vintras l'Apôtre du Carmel.

Sans remonter jusqu'à Fouché, Chaumette et le culte de la raison, à Robespierre et l'Être suprême, à Valentin Haüy et la théophilanthropie, revenons au Père Enfantin, pape du Saint Simonisme, et créateur d'un Évangile que certains trouvèrent peu vertueux. D'ailleurs, la fin de cette aventure religieuse ou sectaire, chacun jugera, fut un désastre. En effet, les adeptes furent lapidés dans les rues et le Père Enfantin fut condamné en cours d'Assise pour atteinte à la morale publique. Après avoir purgé sa peine, il se retira en Égypte en 1834, en Algérie en 1839, puis retourna en France où il mourut en 1864.

Vintras qui fut le créateur et grand pontife de l'Église du Carmel, fut pour sa part condamné pour escroquerie. Versant dans un mysticisme voluptueux, il se faisait nommer Strathanel ou Élie, affirmant qu'il était l'incarnation de ce prophète. Au sujet de Pierre-Michel-Eugène Vintras, dit Pierre-Michel-Élie Vintras, je vous renvoie au livre '*Vintras. Hérésiarque et prophète*', un livre fort intéressant dont l'auteur fut l'un des plus grands avocats de son temps et membre de l'académie française, Maurice Garçon (1889-1967).

Le pseudo-successeur de Vintras fut l'abbé Boullan qui, lui, comme le Père Enfantin, fut condamné pour atteinte à la morale publique et plus exactement pour attentat à la pudeur. Citons aussi les '*derniers païens*', que dirigeait Louis Ménard, adorateur de Jupiter Olympien, et les Swedenborgiens de la rue Thouin. Mentionnons aussi Palapra et le culte Templier, Auguste Comte et le culte de l'humanité, Tourreil et le fusionisme, Fabre d'Olivet, l'Abbé Julio, Valentin, Sophronius et les néognostiques. Il ne faut pas oublier non plus les Luciferiens vénérant et adorant Lucifer, et qui eurent comme Anti-Pape, un certains Albert Pike, puis un nommé Lemmi, assisté de ses deux prêtresses, l'une Sophia Walder appelée Sapho ou la Femme au Serpent, l'autre, Diana Waughan, une personne aux tendances mythiques produisant des brochures grandiloquentes d'une lecture désagréable et assommante.

L'Antoinisme peut aussi se placer dans les petites religions, ainsi que d'autres dévotions qu'il n'est pas utile de rappeler. Après avoir supprimé l'inquisition, un foisonnement de nouvelles religions, ou de multiples sectes, se sont installées notamment dans beaucoup de pays d'Occident.

ooo

Après cette parenthèse sur les petites religions revenons à la croyance à proprement dite, et posons cette question : Pourquoi l'humain croit-il aux Dieux ou en un D.ieu ? Le croyant ressent une présence invisible, le plus souvent en lui-même, il voit des choses merveilleuses qui l'entourent et dont il est témoin au cours de son existence, tout ceci participe à la raison de sa croyance. Son besoin de croire découle souvent d'une solitude intérieure, croire c'est en quelque sorte se retrouver soi-même en discussion avec '*un autrui* ' qui nous dépasse. La croyance donne aux hommes de toutes castes, des directives qui donnent à leurs vies une épaisseur et un intérêt plus élevé que les intérêts, certes importants mais basiques, comme manger et dormir ; la croyance élève l'homme et lui fait prendre conscience d'une part de son esprit en relation avec des choses qui sont au-dessus du cadre même de la compréhension humaine, mais qui existent pourtant même sans preuve, du moins c'est ce que le croyant ressent.

Il pense, il croit, il se questionne, l'homme cherche en lui-même, alors il perçoit un univers intérieur aussi incommensurable que l'univers extérieur.

Avec un clin d'œil au grand Shakespeare, je dirais : '*croire ou ne pas croire, c'est là la question*'. Si la croyance sauve les hommes, il serait absurde de vouloir détruire la religion, la religion qui est tout de même un des plus importants supports de la croyance. La religion, la croyance causent de la gêne aux laïques comme aux athées d'ailleurs, notamment à cause du manque de la preuve de l'existence de D.ieu ? Mais croire, ce n'est pas chercher la preuve, croire c'est croire, même sans preuve. La preuve, le croyant l'a en lui-même, mais elle ne se prouve pas par des mots ou des équations.

La croyance se forge progressivement, les rituels permettent de soutenir cette croyance, de lui donner de la matière ; la croyance et les rituels sont en quelques sortes l'image de l'homme. La croyance est pensées, les rituels sont matières ; l'homme est pensées et matières. Ainsi la croyance et les rituels sont comme un miroir de l'homme. La croyance en D.ieu appartient à un autre monde, elle appartient à un monde immatériel qui a la capacité à agir dans le monde matériel ; avant la réalisation de l'objet, il y a la pensée de l'objet. La pensée est immatérielle, la réalisation de l'objet est matérielle. Il y a la pensée puis la réalisation, l'immatériel réalise le matériel, et ceci à l'aide de médiats.

Quel sont les médiats entre l'immatériel et le matériel ?

Par quel médiat l'immatériel agit sur le matériel ? La pensée agit par les médiats que sont les nerfs, les fluides, la bouche, les mains, les pieds, etc. Mais D.ieu, avec quels médiats agit-il sur le matériel ... Anges, entités spécifiques ? Oui, ce sont ces médiats qui font le lien entre immatériel et matériel dans la religion, les religieux, les croyants le pensent.

Il y a quelques siècles croire en D.ieu était universel, même pour les instruits de la science. Cela a un peu baissé lors du développement de la science moderne ; les croyances ont été dès lors mises à mal. Des fondements historiques de certaines croyances ont été largement critiqués, mais malgré ce, la religion a repris lors de ces dernières années de la vigueur si l'on peut s'exprimer ainsi, et les croyances en tel ou tel D.ieu, sont loin d'avoir disparu, elles ont même augmentées ; notre siècle est religieux.

Quel rôle ont donc joué les pratiques et les croyances religieuses dans notre survie au cours des siècles ?

La religion et ses pratiques ont joué un rôle important dans la survie de l'espèce humaine. La religion donne un avantage certain à l'évolution, elle contribue à créer de la cohésion sociale et de ce fait, au cours des nombreux siècles, elle a amélioré largement les chances de survie des groupes humains. Plus terre à terre, les scientifiques pensent que les croyances et les pratiques religieuses découlent de capacités d'adaptations venues de la sélection naturelle, c'est à dire que la manière dont fonctionne l'intelligence humaine est posée sur ce concept qu'est la liaison entre les causes et les effets, ce qui parfois, par manque de compréhension a pu permettre de postuler l'existence d'entité extraordinaire, puis divine, quand on avait pas d'explications satisfaisantes sur tel ou tel phénomène, de ceci serait née l'idée des Dieux. Les facteurs sociaux, jouent aussi un rôle important dans les croyances religieuses. Évidemment, les religions sont un facteur de pouvoir, et elles sont également un moyen pour gérer une partie des dysfonctionnements de la société, les rendre supportables voire de les justifier, sans forcément les corriger.

ooo

Les religieux et les croyants reprochent à la société laïque et/ou athée son émiettement, un manque de projet d'ensemble dans lequel de multiples personnes pourraient adhérer, afin de se révolter contre un individualisme et un matérialisme grandissant qui poussent à un égoïsme et un goût pervers pour un pouvoir mercantile sur ses congénères. Les religieux expriment la nécessité d'une autre manière de vivre, où la solidarité des communautés de croyants permet une meilleure entente entre les personnes, afin notamment de ne laisser aucun individu dans la détresse morale.

Certes, la religion contribue au lien social, elle est une aide pour la structure sociale, mais il faut tout de même établir sur la religion une surveillance permanente de manière à déceler très tôt une mauvaise influence que tel ou tel prêcheur pourrait causer chez ses paroissiens, et par répercussion sur la société, que ce soit notamment dans la culture ou dans les mœurs. La religion peut être dangereuse quand elle veut dicter les lois communes, ce qui au fil du temps développe le fanatisme ou du moins une orthodoxie totalitaire. Certains pensent que le rempart contre le fanatisme religieux est la laïcité.

De quelle manière la laïcité peut avoir cette fonction de rempart ?

Il y a des personnes qui croient en un D.ieu ou en plusieurs Dieux, d'autres sont athées ou agnostiques, et toutes ces personnes doivent vivre ensemble, dans une vie plus ou moins commune. Cette vie avec autrui doit assurer à chacun la liberté de conscience qui est contre toute contrainte idéologique et religieuse, et ceci dans le cadre de l'égalité des droits. Cette vie commune doit être neutre sur le plan confessionnel et permettre un libre développement grâce notamment à l'instruction qui permet l'exercice autonome du jugement. Cela aide les communautés à vivre leurs convictions de manière modérées sans tomber dans un fanatisme dangereux pour eux-mêmes et la société, ce fanatisme d'où découle l'intolérance et appelle le racisme et l'antisémitisme. La laïcité n'est pas une option spirituelle, mais plutôt une option humaniste, du moins tant que cette même laïcité ne tombe pas dans un excès qui la ferait se rapprocher, d'une certaine manière, d'un '*fanatisme laïque*', si l'on peut dire. Donc on comprend bien que pour éviter les débordements ou les excès religieux, la laïcité n'est pas la solution, mais elle est tout de même une solution qui n'est pas négligeable.

La laïcisation de l'État suppose que l'État s'est progressivement dissocié de la sphère religieuse. La France est passée d'un État confessionnel où les sphères religieuses et civiles s'interpénétraient à un État laïc.

Rappelons que cet État laïc a trois caractéristiques qui lui son propre :

1)La non-allégeance de l'État à une confession religieuse.

2)Le monopole des pouvoirs publics concernant les fonctions étatiques (législation, justice …)

3)Le respect de la liberté de conscience.

La laïcité doit à la fois reconnaître et surveiller. Les pouvoirs publics permettent aux religions un droit de cité dans l'espace public. Et, de l'espace public social, elles sont parfois invitées à intervenir dans l'espace public politique. On voit cela dans les différentes consultations législatives notamment, où les religions sont convoquées car acteurs de la société civile, mais aussi acteurs susceptibles d'avoir une véritable expertise, notamment sur les domaines qui touchent à la norme, à l'éthique, aux structures même de la société.

On peut comprendre que la liberté religieuse ne doit pas vouloir dire, que l'on peut faire tout ce que l'on veut sous prétexte que cela est inscrit dans un livre, si sacré soit-il ; il doit y avoir des limites, et la laïcité contribue à sa manière à imposer des limites. En effet, Depuis quelques années c'est développé une laïcité de surveillance avec des interdits, comme l'interdiction des signes religieux ostentatoires à l'école, ceci est en quelque sorte un point de départ de cette surveillance, qui, il faut l'avouer met toutes les religions dans le même sac si l'on peut dire, même les religions attenantes depuis des siècles au pays même, comme par exemple les religions Judéo-chrétiennes en France. On prend conscience ici de cette double rupture par rapport à la laïcité des origines. De l'espace public, la loi en vient à assujettir des espaces privés, dès lors, la laïcité ne se pense plus à partir d'une large liberté de la sphère privée, car pénétrée par les normes publiques. Les individus tombent aussi sous le coup d'une neutralité à laquelle ils n'étaient pas obligés auparavant, notamment les usagers du service public où les signes religieux ne sont pas souhaités, mais aussi dans les entreprises privées où la neutralité et la discrétion des croix et des étoiles de David sont conseillés. Rappelons tout de même cette chose étonnante qui nous rappelle qu'en ce bas monde rien n'est figé pour toujours, c'est que sous la IVe République début de la Ve, ont croisé régulièrement des prêtres en soutane à l'université sans que cela ne pose problème. On comprend ici les dangers de l'exagération laïque, qui parfois a des tendances dictatoriales qui sont dangereuses pour les pays ; d'ailleurs ces lois conçues au nom de la laïcité, n'ont fait qu'augmenter le racisme et l'antisémitisme, pour le mal de tous, car de manière directe ou indirecte on en subit tous les conséquences. Ceci est dû à des peurs, la société contemporaine est marquée du sceau de l'incertitude, ce qui provoque de nombreux doutes dans l'opinion publique, dès lors cette dernière considère réassurer les individus en les insérant dans une culture partagée, une culture commune découlant d'une volonté d'invisibilité de ceux dont la manière de vivre ou de croire relèvent de culture ou de croyance exotique. La laïcité se culturalise afin d'affirmer une culture commune, au risque même de bafouer le socle culturel et religieux du pays ou cette laïcité culturelle se met en place.

Le Catholicisme est rarement embêté par la laïcité culturelle, cette dernière s'en est accommodée et le Catholicisme, tant bien que mal a rejoint la culture commune. Ce '*vouloir*' d'invisibilité, afin de ne pas pouvoir faire de différence entre les individus, pour qu'ils ne subissent pas de discrimination de quelque sorte que ce soit, se pose finalement sur toutes les religions, dès lors, une question se pose : est-ce une atteinte à la liberté ? C'est possible, et ceci avec une certaine ambivalence, car l'État est à la fois plus conciliant pour permettre aux religions de participer au lien social, et dans le même temps il augmente sa surveillance sur les formes religieuses ne respectant pas la nouvelle sacralité qui a évolué et c'est développée en fonction et en accord avec les droit-de-l'hommistes issues des conformismes d'une gauche espérant formater des citoyens du monde ; si la religion est souvent critiquée par rapport à ses extrémistes et ses fous de D.ieu, il est aussi important de ne pas oublier que la laïcité a aussi ses extrémistes et ses fous laïques, et ceux-ci participent en grande partie à déstructurer une société jusque-là équilibrée avec pour chaque pays sa propre religion.

Avatar de la religion de l'humanité, le culte des droits de l'homme a remplacé le communisme dont il partage la nature de religion séculière dans son rôle d'utopie pour créer le règne d'un bien sur terre entre les hommes et les femmes de tous pays. Dans cette nouvelle religion séculière, les droits de l'homme ont la responsabilité d'une promesse d'un royaume du bien sur Terre, d'un projet de réconcilier l'humanité grâce à une société où chacune de ses structures serait parfaite, ce qui par assemblage donnerait donc une société parfaite. Et ceci en utilisant le moyen de la mutation du monde passé vers un monde nouveau totalement cosmopolite, multiculturaliste, et fondé exclusivement sur les droits des personnes. L'idéologie des droits de l'homme devient au fil du temps une hégémonie, et depuis les dernières décennies du XXe siècle cette hégémonie s'est édifiée sur les ruines des idéologies révolutionnaires. Notons que c'est de la disparition des utopies passées qu'est née cette utopie que sont les droits de l'homme qui se veut être une norme supérieure, parfaite et idéale pour pouvoir accéder à un monde meilleur où l'entente cordiale entre toutes les communautés serait enfin possible. Les droits de l'homme sont souvent bafoués, dès lors, pour être dans le juste, cette utopie doit être considérée comme une visée et non comme une chose acquise, ceci afin d'avoir une vigilance permanente pour que les droits de l'homme soient mis en place et respectés par tous et partout dans le monde.

Des personnes, souvent des scientifiques, ont considérés la religion comme une illusion, comme un effet archaïque de notre psychisme voire comme le fruit de pulsions primitives, chacun jugera. D'un autre côté, nous avons l'habitude de considérer que la religion adoucit les mœurs, et les philosophes des lumières, pour beaucoup, pensaient que la religion aidait à calmer les ardeurs trop violentes des hommes ; certes, elle n'empêche pas les guerres, mais elle peut en réduire le nombre. La religion est un puissant régulateur moral, dans la famille, dans la communauté, et aussi dans le monde, elle est indispensable à un ordre social. Elle peut être critiquée, améliorée en fonction de l'époque, mais elle doit être conservée. La religion aide à vivre et à construire une société paisible, à condition que les dirigeants ne passent pas leurs temps à la critiquer et à vouloir son affaiblissement. Les droits de l'homme et la religion peuvent travailler ensemble au profit de l'humain, ces dernières décennies leur dualité trop fréquente ont causé beaucoup de mal aux adeptes de ces deux parties, ces deux parties ne devraient pas être opposées, leur opposition cause des conflits permanents. C'est l'association de ces deux parties que sont la religion et les droits de l'homme dans chaque lieu du globe, et soutenus par une importante ingérence dans les pays ne respectant pas les droits de l'homme, qui pourra nous diriger vers une paix mondiale et durable.

§§§

Bibliographie :

'*La grande Bible de Tours*', trad. J.J Bourassé et P. Janvier, Ecclésiaste, Chap. II, p881, verset 14, éd. Jean de Bonnot, 1985.

'*Bayle, Pensées diverses sur la comète*', auteur Pierre Bayle, présentation par Joyce et Hubert Bost, éd. Garnier Flammarion, 2007.

'*La Boétie - Discours de la servitude volontaire*', auteur Etienne de La Boétie, trad. S. Auffret, éd. Mille et une nuits, 1995.

'*Vies et doctrines des philosophes de l'antiquité*', auteur Diogène de Laërce, Trad. Ch. Zevort, T1, Charpentier- libraire-éditeur, 1847.

'*Gaffiot, Dictionnaire Latin Français, Abrégé*', auteur Félix Gaffiot, édition revue et corrigée par Catherine Magnien, éd. Livre de Poche, 1989.

'*Lucrèce, De la nature des choses*', auteur Lucrèce, introduction, bibliographie et notes par Alain Gigandet, traduction par Bernard Pautrat, èd. Le livre de poche, 2002.

'*La religion Romaine*', auteur Marcel le Glay, ancien professeur d'histoire Romaine à l'université de Paris X, éd. librairie Armand Colin, 1971.

'*Les Lettres Latines*', présentation : volume complet de 1296 pages, auteur R. Morisset et G. Thévenot, éd. Magnard, 1989.

'*Kant - Critique de la raison pure*', auteur Emmanuel Kant, trad. Alain Renaut, éd. G.F Flammarion, 2001.

'*De la recherche de la vérité*', auteur Nicolas Malebranche, publié par R. Thamin, éd. Hachette et Cie, 1897.

'*Fénelon - Les aventures de Télémaque*', extraits, auteur François de Salignac de La Mothe-Fénelon, éd. Librairie Hachette, 1938.

'*L'existentialisme est un humanisme*', auteur Jean Paul Sartre, éd. Gallimard, 1996.

'*Schopenhauer - Le vouloir vivre - L'art et la sagesse*', auteur Arthur Schopenhauer, textes choisis par A. Dez, éd. Puf, 1994.

'*Vintras. Hérésiarque et prophète*', auteur Maurice Garçon, éd. Jérôme Millon, 2007.

'*Le pouvoir des sectes*', auteur Renaud Leblond, éd. E/P/A - Hachette Livre, 2009.

'*La France face aux sectes*', auteur Bruno Étienne, éd. Hachette Littératures, 2002.

'*La mécanique des sectes*', auteur Jean-Marie Abgrall, éd. Payot & Rivages, 1996.

Notes :

Patrick Haumont Parisi

Précepteur international français en philosophie, Russe, histoire, littérature, et écrivain : romans, poésies, articles, nouvelles, essais, histoires ...

Membre du C.O.P.E
(Cercle des Obédiences Philosophiques de l'Est).

www.ingramcontent.com/pod-product-compliance
Lightning Source LLC
Chambersburg PA
CBHW060751260726
48660CB00002B/574